PRETO

Grace Passô, Marcio Abreu e Nadja Naira

PRETO

Cobogó

SUMÁRIO

Daqui, por Grace Passô   9

PRETO, por Marcio Abreu   13

PRETO   17

PRETO, uma peça preta, por Thiago Aguiar Simim   77

Sobre os autores   87

A escrita desta peça, bem como o uso dos conceitos de Pretura e Negrura, inspira-se em falas públicas proferidas pela professora Leda Maria Martins no contexto do processo de criação do espetáculo. Leda é colaboradora artística deste trabalho.

Leda Maria Martins é poeta, ensaísta, acadêmica e dramaturga brasileira. Docente da Faculdade de Letras da Universidade Federal de Minas Gerais (UFMG), foi também professora convidada da New York University. Publicou diversos livros e artigos em periódicos brasileiros e estrangeiros.

Daqui

Este trabalho é um mergulho em questões que fundamentam transformações definitivas do Brasil de nosso tempo. E estamos falando daqui, de um país que vive diariamente febril ao lidar com a ascensão de discursos direitistas, racistas, transfóbicos, homofóbicos. Estamos falando daqui, de um país preto que se aquilomba cada vez mais e de formas distintas; daqui, de um lugar em que militâncias negras e negros em movimento têm ensinado à nossa sociedade alfabetizar-se; daqui, de onde nós, mulheres negras, estamos cada vez mais conscientes de nossa fertilidade (no sentido mais amplo da palavra) indomável. E é daqui e no centro dessa espécie de revolução antiga, que tecemos, fio a fio, um trabalho que traça, de formas distintas e através da linguagem teatral, inúmeras tentativas de diálogos entre artistas de histórias identitárias diferentes. A tentativa de diálogo, a escuta, a tentativa de afetar-se pelo outro não são soluções, mas, sim, formas de existir plenamente, com dignidade, justiça, liberdade, afeto e consciência de outridade. Quando vejo cada um de nós, vejo (e isso me emociona) nossas comunidades, e é preciso dizer que o teatro é historicamente o lugar de resistência e, por isso, o lugar para pensar o impossível. Não o impossível como aquilo que desiste, mas o impossível como potência do imaginário, do que inventa outra forma de viver. E é daqui, do teatro, que falamos.

Grace Passô
São Paulo, outubro de 2017

Preto

É o que não sabemos, mas queremos afirmar como possibilidade futura. Outras formas de habitar o mundo, onde as diferenças brilhem. PRETO promove uma investigação sobre o que gera a recusa das diferenças em nossas sociedades, e principalmente sobre as possibilidades de coexistência e campos de interação entre as diferenças. Olha para o racismo na vivência brasileira e em perspectiva com o mundo e, a partir daí, reage artisticamente através de múltiplas visões e sentidos.

A experiência busca expandir por meio da arte as percepções sobre o outro e sobre os espaços de convivência e de formação de sensibilidades. Em julho de 2017, em Salvador, na Bahia, a filósofa e escritora ativista norte-americana Angela Davis afirmou numa conferência que "quando a mulher negra se movimenta, toda a estrutura da sociedade se movimenta com ela, porque tudo é desestabilizado a partir da base da pirâmide social, onde se encontram as mulheres negras, muda-se a base do capitalismo".

Somos iluminados por esta e outras tantas falas e pensamentos, que vão desde os abolicionistas brasileiros do século XIX a pensadores contemporâneos, como o camaronês Achille Mbembe, dos escritos de Frantz Fanon à literatura de Ana Maria Gonçalves, da voz sensível da poeta e professora Leda Maria Martins às muitas conversas entre nós, artistas e colaboradores desta peça, e entre nós e as pessoas do público, pois realizamos conversas públicas nas diversas etapas de criação deste projeto, em várias cidades do Brasil e também fora do país.

A peça se articula, então, a partir da fala pública de uma mulher negra, uma espécie de conferência que se desdobra em imagens, mediações da palavra, ressignificações dos corpos, ativação da escuta e reverberação de sentidos numa sequência de tentativas de diálogo. Em primeiro lugar, o diálogo com os temas. Como falar – reagir artisticamente – às dimensões do racismo e das percepções históricas que nos definem como imagem social, voz, corpo atuante em meio a outros corpos? Em segundo lugar, o concreto desafio de criar diálogos entre nós, artistas dessa peça, pois nada nos pareceu evidente, desde o início. Sempre nos orientou a questão: Para quem queremos falar neste momento? Que vozes queremos ouvir? Que imagens queremos descrever? Como me vejo? Como me veem? Que espaços queremos ocupar? Quem fala? Quem escuta?

Marcio Abreu
Rio de Janeiro, outubro de 2017

PRETO

de **Grace Passô**, **Marcio Abreu** e **Nadja Naira**

PRETO estreou em 9 de novembro de 2017, no Sesc – Campo Limpo, em São Paulo, e faz parte do repertório da companhia brasileira de teatro.

Direção
Marcio Abreu

Elenco
Cássia Damasceno
Felipe Soares
Grace Passô
Nadja Naira
Renata Sorrah
Rodrigo Bolzan / Rafael Bacelar – em alternância

Músico
Felipe Storino

Dramaturgia
Marcio Abreu, Grace Passô, Nadja Naira

Iluminação e assistência de direção
Nadja Naira

Trilha e efeitos sonoros
Felipe Storino

Cenografia
Marcelo Alvarenga

Direção de produção
José Maria | NIA Teatro

Direção de movimento
Marcia Rubin

Figurino
Ticiana Passos

Vídeos
Batman Zavareze e Bruna Lessa

Orientação de texto e consultoria vocal
Babaya

Consultoria vocal e musical
Ernani Maletta

Colaboração artística
Aline Villa Real e Leda Maria Martins

Assistência de iluminação e operador de luz
Henrique Linhares

Assistência de produção e contrarregragem
Eloy Machado

Operador de vídeo
Bruna Lessa, Márcio Gonçalves, Michelle Bezerra

Operador de som
Bruno Carneiro, Chico Santarosa

Produção executiva
Caroll Teixeira

Design de som
Felipe Storino, Bruno dos Reis e Kleber Araújo

Aderoços, esculturas
Bruno Dante

Participação artística na residência em Dresden
Danilo Grangheia, Daniel Schauf e Simon Möllendorf

Projeto gráfico
Fabio Arruda e Rodrigo Bleque | Cubículo

Fotos
Nana Moraes

Patrocínio
Petrobras e Governo Federal

Produção e realização
companhia brasileira de teatro

Coprodução
HELLERAU – European Center for the Arts Dresden, Künstlerhaus Mousonturm Frankfurt am Main, Théâtre de Choisy-le-Roi – Scène conventionnée pour la diversité linguistique, Sesc São Paulo

Grace Passô interpreta a canção "Faz uma loucura por mim", de Chico Roque e Sérgio Caetano, conhecida na versão da cantora Alcione.

COMPANHIA BRASILEIRA DE TEATRO

Direção de produção
Giovana Soar

Administrativo e Financeiro
Cássia Damasceno

Assistência administrativa
Helen Kaliski

CONFERÊNCIA DE UMA MULHER NEGRA

(ela está presente. Imagem do seu rosto.)

...e pra continuar, alguém poderia ajudar a colocar a mesa mais pra frente? Por favor, um pouco mais pra frente. Essa mesa, essa. Essa mesa. A cadeira também. O microfone. Senta, por favor. Daí é um calor, né? Coloca a mesa um pouco mais pra frente, por favor.

(...)

Muito bom. A gente poderia estar numa roda. Podia ter só a cadeira, sem essa parede.

Quer que tire a mesa?

Tem um copo d'água. Pode deixar.

Pra apoiar o copo.

Pra apoiar o copo. Uma mesa pra apoiar o copo.
Senta, por favor. Daí é outro calor, né?
Como é seu nome?

(...)

Faça um gesto inesquecível.

(...)

Muito bom, obrigada. Vou continuar de onde eu parei. Na pergunta. O que nos resta é a pergunta: O que fazer para que o enegrecimento seja cada vez maior, seja cada vez mais potente, no lugar onde estamos? Vocês estão vendo que eu estou sem papel, né? Na verdade, ontem, eu entendi que isso aqui seria uma conversa, mas aí fiquei sabendo que seria uma fala, mas fala sobre o quê? Eu achei que eu ia ter uma bela noite de sono, mas tive assim alguns pesadelos durante a noite, então vamos exercitar aqui, hoje, a improvisação no sentido mais rico da palavra. O título é muito interessante, PRETO, então eu acho que vou partir daí, da pretura, pra gente conversar um pouquinho. Eu pensei em como a sociedade age sobre nós. E é interessante a gente pensar isso neste momento tão sombrio. Mais um momento sombrio, cheio de sombras, mas sombras também no mau sentido, porque as sombras dionisíacas são maravilhosas, né? Mas não são dessas sombras que nós estamos falando. Então eu vou partir daí, eu vou falar um pouco como a sociedade age sobre nós e como nós reagimos, e o Preto é muito interessante, né? Porque o Brasil é preto. Embora ainda haja quem não reconheça isso. A pretura, como um modo civilizatório. A pretura como um modo civilizatório. A pretura como um modo civilizatório. Eu poderia falar sobre diversos assuntos, mas sempre me chamam pra falar sobre esse. Então eu vou falar a partir daí. Do preto. Da pretura. Da síncope. Da vertigem. Do fogo.
(imagem do seu rosto)

(Fogueira. Som. Fala atravessada pelo canto.)

Uma fogueira é o fogo, no chão, com materiais combustíveis. Ela sinaliza, mostra que tem alguém ali. É sempre alguém que acende o fogo. E se você está ali com frio, você acende o fogo pra se aquecer, mas se você não quer que ninguém saiba que você está ali, aí fica difícil, pois o fogo ilumina, chama a atenção. A chama convoca. Arde, crepita, estala, canta, faz ruídos. Pode te salvar se você estiver perdido. Se você quiser se perder, se lançar no mundo, numa floresta escura, o fogo vai te mostrar as rotas de fuga. E se você sentir fome e estiver perdido, mesmo que estar perdido seja a sua vontade, ainda assim você pode matar um animal, acender o fogo e cozinhar o alimento, ou simplesmente abrir uma lata de feijões em conserva e aquecê-los, porque tem gente que não gosta de comida fria. Se você gosta de carne crua ou comida fria, não vai precisar da fogueira, mas aí vem novamente o frio, as noites são geralmente frias e escuras, mesmo nos trópicos, em algumas épocas do ano, e aí você vai buscar o fogo. Obstinadamente você vai buscar o fogo, e essa obstinação que surge, de repente, é também uma espécie de fogo, interno, que arde aqui dentro e te faz agir, saber, correr, erguer, sustentar, lutar, suar, lamber, mover, esfregar, ofegar, envolver, dançar, dançar, dançar, gozar, sussurrar no ouvido palavras de amor, gritar, e alguém ouvir, de longe, esse grito e saber que existe alguém ali, que grita em busca do fogo, e só pode gritar porque existe também essa espécie de fogo, que arde, aqui dentro e que é capaz de incendiar qualquer gesto que o apague. Incendiar qualquer gesto que apague esse fogo de dentro! Você pode matar um animal selvagem

e comê-lo, mas você pode também afugentar os animais selvagens que querem te comer. Pode ser um ritual, uma festa. Mas também uma queima de corpos, de edifícios, uma árvore, uma floresta inteira.
(imagem da sua orelha)

(Duo. Mulher branca. Homem negro.)

1 - Desculpa. Atrasei, né? Eu detesto chegar atrasada. Sei lá.
Desculpa. Ah, desculpa. Desculpa. Tá calmo você.
O trânsito ruim, sono insistente, coisa pra responder,
ainda tive que gritar, depois te conto isso, escrever
no grupo, uma bandeira bateu aqui no meu olho,
aquele livro, revista, camburão, cabeleireiro, eu também
sabia que aqui hoje não vai ser fácil e você sabe, né,
o corpo não é bobo, boicota, fica adiando.
(abraço)
2 - Então, vamos começar?
1 - Vamos. Você vai me fazer cantar? É isso?
2 - Pode ser. Vou pegar esta cadeira. Vou deixar aqui.
Eu vou sentar aqui, tá? E vou te fazer perguntas.
1 - Ah, não tô acreditando nisso.
2 - Uai, tem outro jeito?
1 - O que você vai perguntar?
2 - Me fala sobre você.

1 - O que que você falou?
2 - Fala como é ser você.

1 - Ah, não tô acreditando que você tá me
perguntando isso, sempre me fazem essa pergunta.
2 - É você mesma que tá aí?
1 - Como assim?
2 - Essa imagem que eu tô vendo,
como é andar com ela por aí?
1 - É difícil responder a isso.
2 - Me dá algum sinal que o que eu tô vendo não é mentira.
1 - Ai, que coisa chata.

2 - Qual é seu nome?
1 - Meu nome? Gente do céu.
2 - É, qual é seu nome?
1 - Renata.
2 - Então, Renata, me fala como é ser você.

2 - Você tem algum problema com essa pergunta?
1 - Tenho, tenho, sempre tive. Não sei.
Não sei, é difícil responder, é difícil.
Como é que é ser Renata, não sei.
Nunca eu sei responder a isso.
Daqui a pouco você vai me perguntar, é, fala,
isso eles gostam muito de perguntar, assim:
Renata por Renata.
Você ganha, como uma bomba na tua mão.
Renata por Renata. Não sei!
2 - Tudo bem. E do que você não se esquece
nunca que você é?
1 - Eu não sei. Não sei.
Eu não gosto, não gosto que me façam
pergunta que eu não sei responder.
2 - Entendi. Tá, essa é a tua resposta. Não sabe.
1 - Não sei responder, já falei, três vezes.
Não gosto, não sei.
2 - Ok, já entendi, já entendi, não gosta, não sabe.
E essa é a tua resposta.
1 - Por mais que eu fique pensando, eu tô falando aqui
com você e tô pensando, o que eu posso dizer,
o que que eu posso dizer? Eu não sei, eu não sei.
2 - Tá, essa é a tua resposta, essa é a tua resposta.
1 - É essa a minha resposta.

2 - É essa a tua resposta.
1 - É, é essa!
2 - Beleza, já entendi.
1 - Ah! Bom.

2 - Não sabe mesmo?
1 - Ah, tu tá brincando comigo!

1 - Vai perguntar outras coisas, vai?
2 - Eu tenho outras perguntas, mas...
1 - Essa eu já te falei, eu não sei responder a essa pergunta. Eu não sei. Nunca soube. Um dia, quando eu era pequena, um dia a minha mãe me levou numa psicóloga. Eu tinha, eu tenho um irmão e uma irmã inteligentérrimos. Ela me levou na psicóloga, eu não sei por que ela me levou na psicóloga. Era uma sala incrível, ela ficou conversando com a psicóloga lá fora, a sala cheia de brinquedo, de boneca, de panelinha, tinha carrinho, eu queria, eu era louca pra brincar com tudo, mas eu queria que quando a psicóloga abrisse a porta com a minha mãe, eu queria que ela me pegasse lendo um livro. Eu não brinquei com nada, eu só fiquei passando as folhas, elas demoraram horas pra entrar e eu com aquele livro, só olhando os brinquedos. Tá vendo?
Eu não sei falar sobre mim. Gostou? Gostou!?
2 - Gostei! Tá bom, eu entendi.
1 - Então pronto?
2 - Pronto.

2 - Posso te fazer uma pergunta?
1 - Você é chato pra caramba!
2 - Eu vou só te fazer uma pergunta, Renata.

1 - Chato pra caramba.
2 - Só uma pergunta.
1 - Vai! Vai!
2 - Posso?
1 - Pode! Vai! Vai, pergunta!
2 - Tá, eu vou perguntar.
Renata, você se preocupa com a tua imagem?
1 - Que, que, que imagem?
2 - A tua.
(imagem do rosto de Renata)

1 - Eu?
2 - É.
1 - Claro que não. Não.
Eu nunca me preocupei com a minha imagem.
2 - Sério?
1 - Não, eu nunca me preocupei. Nunca. Eu sou assim,
desse jeito. Sempre fui assim. Sempre fiz o que eu quis.
Sempre falei o que eu quis.
2 - Sempre?
1 - Sempre. Sempre. Sempre. Esse é o meu jeito.
Sempre fui assim. Sempre. Eu nunca pensei,
eu vou deixar de fazer isso porqueeee... mesmo que
parecesse impossível, porque às vezes parece.
Mas nunca deixei de fazer isso porqueeee...
2 - Tá, então eu posso tirar uma foto sua agora?
1 - Eu vou te dizer uma coisa aqui, ô rapaz,
eu não gosto de foto, eu não suporto foto.
2 - Ah, é?
1 - Não.
2 - Mas você tira várias.

1 - Exatamente, eu detesto, tem aquelas meninas todas bonitinhas, ah, posso tirar uma selfie com você? Pode. Aí ela vai e se coloca, super bem colocada, bonitinha, ela linda, e você, você que é a pessoa que ela quer, afinal de contas, você fica toda apertada, do lado, toda péssima, o pescoço fica horrível.

2 - Mas eu quero...

1 - Não, eu não gosto! Eu tô falando que eu não gosto!

2 - Eu ouvi.

1 - Você tá o tempo inteiro me fazendo coisa que eu não gosto. Fazendo pergunta que eu não gosto. Querendo agora tirar foto que eu não gosto.

2 - Mas essa é a...

1 - Não gosto! Chato!

2 - Mas, Renata, não é selfie, não, é uma foto sua. Não é selfie, eu não quero tirar uma foto com você, quero tirar uma foto sua.

1 - Pra que que você quer uma foto minha?

2 - Pra guardar de lembrança. Recordação.

1 - Você tem facebook?

2 - Tenho.

1 - Vai postar?

2 - Não vou postar. Você quer que eu poste? Posso?

1 - Não.

2 - Não? Então eu vou guardar de recordação.

1 - Tá, vamos tirar.

1 - Não, peraí, não, de baixo, não. Vamos aqui, pra esse fundo, neutro.

1 - Não, não suspende. Aqui, corta aqui. Peraí.
Deixa eu ver como eu fico melhor.
Vai, tira. Vai. Tá bem? Tá cortando aqui?
2 - Tá ótimo.
1 - Peraí. Não precisa se aproximar tanto assim.
Aí, vai, levanta mais um pouco, aí.
2 - Sorrindo.
1 - Eu faço o que eu quero.
2 - Tá bom, tá bom.
1 - Eu odeio quando fazem isso, vão tirar foto minha,
ah, dá pra dar um sorriso? Sempre rindo, parece uma idiota.
2 - Tá, Renata. Eu vou tirar uma foto, tá?
1 - E olha o jeito que fala comigo, tá?
2 - Olha o jeito que fala comigo!
1 - Olha o jeito que fala comigo.
2 - Comigo, olha o jeito que você tá falando?!
1 - Não tá dando certo esse negócio, não!
2 - Olha o jeito que você tá falando?!
1 - Tira essa merda logo! Tira isso!
Você quer pegar num ângulo péssimo, eu já sei.
2 - Que isso!
1 - Eu já tô fora de mim! É pra você mostrar pros amigos!
Que eu tô horrível, que eu tô acabada.
2 - Aqui ó, que maravilha de foto.
1 - Ah, tu tá brincando! Deleta isso.
2 - Olha essa!
1 - Ah, tá horrível, para!
2 - O quê?
1 - Você sabe que tem uma fotógrafa que toda foto
que ela tira minha fica boa?

2 - É?
1 - É. Uma vez eu olhei uma foto em que me achei tão gata,
eu tava gata mesmo, quando eu fui olhar
era uma foto de um enterro de um amigo meu,
mas eu tava tão gata, mas tão gata.
A minha dor tava bonita, sabe?
Sabe quando a dor da gente tá bonita?
Tem gente que é mestre em fazer isso,
a dor da gente ficar bonita.

(Imagem do colo de uma mulher. Arfa.)

Não é só uma imagem que eu imagino, é uma verdade. É assim, eu olho nos olhos dela, por muito tempo. Eu olho o corpo dela. Eu aproximo meu corpo do corpo dela. Eu toco o corpo dela. Ela toca o meu corpo. Eu toco os cabelos dela. Eu aproximo meus lábios dos lábios dela. Eu beijo a boca dela. Muito. Eu beijo o pescoço dela. Eu beijo o ouvido dela. Eu respiro bem próximo ao ouvido dela. Eu mordo o ouvido dela e falo: "Oi, Preta."

Ela fica excitada, ela fica muito excitada. Eu sei por que ela fica excitada. Depois eu explico por que ela fica excitada. Eu chupo o ouvido dela. Eu lambo o pescoço dela. Continuo caminhando

It's not just an image I imagine, it's a truth. I look into her eyes, for a long time. I look at her body. I bring my body closer to her. I touch her body. She touches my body. I touch her hair. I bring my lips to her lips. I kiss her mouth. I kiss her neck. I kiss her ear. I breathe close to her ear. I bite her ear and I say: "Oi, Preta."

Ela fica excitada, ela fica muito excitada. Eu sei por que ela fica excitada. Depois eu explico por que ela fica excitada. Eu chupo o ouvido dela. Eu lambo o pescoço dela. Continuo caminhando com a língua até um seio dela. Eu mordo o bico do seio dela. Lambo embaixo do seio. Mordo o bico do *com a língua até um seio dela. Eu mordo o bico do seio dela. Lambo embaixo do seio. Mordo o bico do outro seio. Lambo embaixo também. Enquanto eu aperto os braços dela eu enfio a minha língua dentro do umbigo dela. Ela se contorce. Eu abro as pernas dela. Eu respiro bem próximo à vulva dela. A vulva dela lateja. Eu coloco a minha mão dentro da vulva dela. Ela fica molhada. Ela pega o meu rosto com as duas mãos. E leva meu rosto bem próximo ao rosto dela. Ela beija minha boca por muito, muito tempo, até o beijo ficar muito devagar. Ela começa a lamber o meu rosto. Ela lambe os meus olhos, meu ouvido. Ela respira bem perto do meu ouvido e fala: "Oi, Preta."*

Eu fico excitada, eu fico muito excitada. Depois eu explico por que eu fico excitada. A boca dela caminha.

outro seio. Lambo embaixo também. Enquanto eu aperto os braços dela eu enfio a minha língua dentro do umbigo dela. Ela se contorce. Eu abro as pernas dela. Eu respiro bem próximo à vulva dela. A vulva dela lateja. Eu coloco a minha mão dentro da vulva dela. Ela fica molhada. Ela pega o meu rosto com as duas mãos.E leva meu rosto bem próximo ao rosto dela. Ela beija minha boca por muito, muito tempo, até o beijo ficar muito devagar. Ela começa a lamber o meu rosto. Ela lambe os meus olhos, meu ouvido. Ela respira bem perto do meu ouvido e fala: "Oi, Preta."

Eu fico excitada, eu fico muito excitada. Depois eu explico por que eu fico excitada. A boca dela caminha. Ela morde meu ombro. Depois morde um seio. Depois o outro.Ela lambe a minha barriga enquanto aperta

Ela morde meu ombro. Depois morde um seio. Depois o outro. Ela lambe a minha barriga enquanto aperta meus seios com muita força. Ela mastiga os meus seios com as mãos. Depois ela arranha as minhas costas. Enquanto enfia a língua dentro do meu umbigo. Eu me contorço. Ela abre as minhas pernas. Ela respira bem próximo a minha vulva. Ela lambe a minha vulva. Ela pede pra eu gozar na boca dela. E eu gozo. E gozo tanto, mas tanto, gozo tanto. Que é como se eu morresse.

meus seios com muita força. Ela mastiga os meus seios com as mãos. Depois ela arranha as minhas costas. Enquanto enfia a língua dentro do meu umbigo. Eu me contorço. Ela abre as minhas pernas. Ela respira bem próximo a minha vulva. Ela lambe a minha vulva. Ela pede pra eu gozar na boca dela. E eu gozo. E gozo tanto, mas tanto, gozo tanto.Que é como se eu morresse.

Alguma pergunta?
Alguém?
Alguma pergunta?

(muita luz)

(Entrevista. Duas mulheres.)

Um dia a gente se encontrou e se fez perguntas.
A gente vai refazer aqui, uma pra outra, como foi.
A gente demorou pra começar, o corpo não é bobo, né?
Falamos no telefone, comentamos sobre o tempo,
ficamos adiando, bebemos água, até que...

Até que eu te perguntei: Que imagem te comoveu nos últimos tempos?
E eu te respondi: Uma garçonete oferecendo café
pra uma senhora de 90 anos no hospital.

E sobre isso comentei da minha vó, nos últimos dias que convivi com ela, ela intrigada porque todas as vezes que comia taioba enxergava umas estrelinhas no ar.
O que é taioba?
É uma planta, uma folha em forma de coração. E te perguntei: Você consegue imaginar essa cena?
E eu te respondi: Acho que sim. E te contei sobre
a minha mãe, e ela fechava o olho e dizia:
"Eu tô vendo um cineminha aqui na minha frente."
E se eu faço assim, tem vezes que eu olho esse escuro
que eu tô vendo aqui, e eu vejo carinhas das pessoas.
Agora eu não tô vendo nada.
Outro dia eu fiz isso, e eu vi o meu pai aqui,
aqui, pertinho de mim.
Eu falei: "Tomara que ele não vá embora!"
Eu não queria que ele desmanchasse,
porque desmancha, chega uma hora que desmancha.

Tá dando pra ouvir bem daí?
Aí eu te perguntei: Você acha que a
gente é capaz de sentir a dor do outro?

E eu te respondi: Acho que a gente é capaz de nos aproximar do outro, ter consciência da dor do outro, mas só sentimos a nossa própria dor.
E sobre isso eu comentei:
Eu tenho um amigo que foge da minha dor.
E ele é super meu amigo.
Mas tem medo de pegar a minha dor.
Os vietnamitas, quando morre alguém próximo, eles dizem:
"Divide a sua dor comigo."
É muito difícil mesmo, de verdade, entender a dor do outro.
E te perguntei: E o analista, como faz? Aprendeu?

Ah, eu te amo, eu te amo, é sério, Renata, eu te amo.
E eu te perguntei: Você acha que a gente é capaz de sentir o prazer do outro?
E eu te pedi pra descrever uma imagem de prazer.

Eu te descrevi uma imagem de sexo entre duas mulheres.
E te perguntei: Você é livre?
E eu respondi: Não, eu não sou livre, mas continuo tentando.
E sobre isso eu te perguntei:
Se você tivesse que eleger uma luta urgente, qual seria?

E eu te respondo agora: Se as mulheres negras forem livres, todas seremos. E eu te perguntei: Quem é sua comunidade?
Eu te respondi falando das pessoas da minha vida.

Eu comentei falando de pessoas da minha e te perguntei:
Quem você gostaria de me apresentar?

E eu te respondi: A Juliana, uma amiga minha.
Tenho certeza que no momento em que vocês
se conhecerem vão se tornar amigas.
A Juliana é atriz, eu também sou atriz, a Grace é atriz,
a Cássia, a Nadja. Todas nós somos atrizes.
A Juliana, ela trabalhou comigo numa peça, fez a Marlene,
uma mulher que não falava, dessas coisas inesquecíveis, sabe?
Eu fazia a Karin e a Fernanda fazia a Petra.
Você faz a Petra?

Sobre sua amiga, eu comentei: Me apresenta? Por que a
Marlene não falava? Como era atrás dos panos? Me conta?
Vocês riam juntas? Ganharam algum dinheiro com a peça?
Você faz a Petra?

Faço, faço a Petra.
(Memória.)

A Petra, uma mulher absolutamente sozinha, uma pessoa
sozinha sozinha sozinha. Não tem marido. Ela separou.
Decepção com os homens.

Ela não tem ninguém.

Não. Ninguém. E aí vem uma amiga dela e diz: tem uma
moça ali fora, eu convidei, quero te apresentar.

Que idade tem a Petra?

A Petra deve ter 50.

Cinquenta.

E a moça tem 23.

Vinte e três, tá! E como continua?

Ela convida a moça pra jantar. É assim, ela conhece a moça e nesse jantar a gente vai ver que elas são tão...

Tão?

Tão diferentes.

Diferentes, né? Verdade. E você já fez antes?

Já.

Já?

Já.

Muitas vezes?

Não, só ensaiando, antes de você chegar.

É?

É.

Não fez com ninguém?

Sozinha.

Que pena. E foi bom fazer sozinha?

Não.

Não?

Não.

Melhor com alguém?

É. Com você.

Que bom.

Então eu te perguntei: Grace, você visualiza algo novo, uma revolução?

E eu respondi que sim. Respondi que é possível que a emancipação também esteja no afeto. Eu respondi que desde o início eu sabia que não seria fácil compartilharmos nossas memórias tão diferentes, mas que se você tocasse minha pele com a mesma nudez como você despe sua memória eu habitaria suas lembranças, como quem entra numa selva desconhecida pra fazer uma fogueira que aqueça seu próprio corpo.

Desculpa. Atrasei, né? Eu detesto chegar atrasada.
Tranquilo. Tranquilo. Tudo bem.
Desculpe.
Imagina, não tem problema nenhum. Vamos lá?
Vamos.
Você tem aí?
O texto? Sim.

Posso te falar uma coisa?

Pode.

Sabe aquela hora que você me cospe?

Sei.

Tá difícil. Vamos ler, depois a gente fala.

Tá. Tá. Por quê? Você sente o quê?

Não vou falar.

Ok.

Acho que é a hora mais importante que a gente tem.

É?

Porque é a hora em que as duas se conhecem.

Tá nervosa, Renata?

Tô.

*Que bobagem. Fica tranquila. Afinal de contas,
a gente só vai fazer o que você quiser fazer, Renata.
A gente não tem que fazer o que você não quiser fazer.*

Tá bom. Faz a Petra?

(lendo)
*Luz. Mas é noite. Petra atravessa a cena
como uma galinha assustada.*

Galinha?

*Como uma galinha assustada. Se veste. Se prepara.
...aaahhh... Nossa!! Ela é completamente louca por você.*

É.

É um tempo enorme pra ela dizer que ela é louca por você.

Elas tão jantando, ela já tá louca.

Louca, completamente louca.

(para outra atriz)
Faz a Marlene?

Eu? Ah, faço.

A Marlene não fala, tá?

Tá, a Marlene não fala.

Não fala, mas ela escuta. Marlene! Tocaram.

PETRA: Quanta bondade!
KARIN: Madame von Kant.
PETRA: von Kant von Kant
　　　　(abraço)
　　　Tá bem? Tá?
　　Tudo bem, tudo certo.
　　　Tá bem?
　　Tudo certo.

PETRA: Senta. Eu preparei uma coisinha. Marlene, o lanche. Bom, aí está você.
KARIN: Aqui estou eu.
PETRA: Me fala da tua vida.
KARIN: Da minha vida? Não tenho muito pra contar.
PETRA: Como não? O que você pensa, o que você sonha.
KARIN: Poucas coisas. Gostaria de ter um lugar, no mundo. É pedir muito?
PETRA: Não, ao contrário. Lutar por um lugar, pra isso se vive.
KARIN: Mas é preciso lutar?
PETRA: Claro. Eu também tive que lutar e foi bem duro. Mas é assim que é.
KARIN: Mas é que eu sempre me achei preguiçosa pra entrar na luta.

PETRA: Preguiçosa?
KARIN: Muito.
PETRA: Ahhhh.
KARIN: Preguiçosa, preguiçosa demais. Você sabe, a senhora sabe o que eu gosto de fazer? Eu gosto é de ficar na cama até tarde, lendo revistas, só isso.
PETRA: Talvez você ainda não tenha encontrado um verdadeiro interesse na sua vida. Você ainda é muito jovem.
KARIN: 23 anos.
PETRA: Ah! Tanta coisa ainda pela frente. Boas, más, feias, bonitas. Aos 23 anos a vida está apenas começando.
KARIN: A senhora acha?
PETRA: Acho. Ou não é assim?
KARIN: Não sei, eu já deixei tanta coisa atrás de mim. Sou casada e...
PETRA: Você é casada?
KARIN: Sou. Meu marido ficou na Austrália. Nós tínhamos... Não, mas acabou, simples assim, acabou.
PETRA: Marlene, traz uma bandeja que coloca no meio da mesinha, entre as duas mulheres.

É conhaque?

Conhaque?

· Não?

Não sei.

Você não dizia uma palavra. No final você perguntava pra ela, no final: Fala da tua vida. Ai, vou pensar coisas

que eu me lembro. Será que você teria "Angie"?
Dos Rolling Stones? Só pra lembrar.

(música)
Era essa?

Era. Você lembra?
Como é que era?

Eu ficava penteando o cabelo na penteadeira,
e você me olhava.

Louca.

Louca.

Ah, eu te amo, eu te amo, sério, eu te amo. Sério.

Você dizia que você me amava mais pra frente.

Ah, é?

É.

Não, é agora.

Não.

É mais pra frente?

Era mais pra frente.

PETRA: E eu te perguntava: Você gostava de ir à escola? Eu adorava ir à escola, você gostava?
KARIN: Ah, não. Não. Fiquei muito contente quando terminou. Eu era muito boa na escola, eu acho, eu era boa.
PETRA: Percebe-se que você é muito inteligente.
KARIN: Inteligente?
PETRA: É.
KARIN: Naquela época eu não gostava de estudar. Quando a coisa me interessava, aí, bem, a coisa andava sozinha. Dá pra botar "Only you", do The Platters?

Se você quiser que eu faça mais devagar, você pode me dizer que eu faço mais devagar, eu tendo a fazer um pouco mais depressa, às vezes.

Não, não, tudo bem, tudo bem.

PETRA: Pra mim, quando a coisa me interessava, eu era imbatível. Curiosamente, na época da minha..., na época, eu tinha inclinação pela matemática.
KARIN: Eu, pelo contrário. Sempre fui péssima em matemática, em cálculos. No início até que ia bem, mas depois, quando entravam as letras. Eu nunca entendi porque que entravam letra em matemática.
PETRA: Pra mim era precisamente a álgebra que me atraía, enormemente.
KARIN: Álgebra.
PETRA: Enormemente.

KARIN: A álgebra. Não, não é comigo. Jamais entendi por que que uma letra entra junto com um número. Até hoje eu não sei por quê.

Cadê a música?
(música)
Uhhhh... Only you...
Você acha que a gente continua? Essa mesa...
A gente podia dançar.

A gente vai dançar ali no fundo, tá?
(dançam)

Você me convidava pra trabalhar como manequim. E você perguntava onde é que eu morava, e eu dizia que morava num hotel e você, você perguntava assim: Você não quer vir morar aqui? No primeiro dia que a Karin foi na sua casa. Você perguntava assim: Você não quer vir morar aqui?

PETRA: Você não quer vir morar aqui?
KARIN: Quero.
PETRA: Quer?
KARIN: Quero.
PETRA: Agora? É?

E como que terminava?

Como termina?

É. Como termina?

Você terminava dizendo: Vem, entra, fica.
E eu dizia: Não, eu venho outro dia.
E aí você vinha outro dia, claro. E dava certo?
Não.

Não?

Não. As duas? Não. Não dava certo.

(pausa)
Aí vinha aquela cena que eu te falei, que você me cuspia.

Desculpe.

Todos os dias, todas as noites. Ela me cuspia na cara.

Desculpe, desculpe por ter cuspido em você.

E nem era uma coisa disfarçada. Eu via quando ela ficava juntando cuspe na boca. Aquela coisa grossa.

Você nunca quis cuspir na cara dela também?

Cadê a Marlene? Vê se você sabe fazer uma coisa. Com essa mão você vai oferecer o café e essa perna aqui, levanta aqui, tá? A Juliana fazia isso lindo. É a última cena, é a cena em que a Karin já foi embora. Ela volta pro marido dela. A Petra fica bêbada. Começa a beber, beber, beber, só esperando um telefonema da Karin. A Marlene vai embora.

Ela vai se despedir da Petra e leva um café. A Petra nunca tinha dirigido a palavra à Marlene, nunca falou com ela. Nunca perguntou se ela era feliz, quem ela era, nada. Aí vamos ver. É a última cena.

Me fala sobre você. Fala. Fala.
Como é viver a sua imagem nesse mundinho? Fala.

(Variações. Giros em sentido anti-horário.)

2 - Desculpa. Desculpa. Atrasei.
(abraço)

3 - Desculpa. Atrasei.
2 - Tá bem?
3 - Tá bem?
2 - Tá?
1 - Tudo bem. Tudo certo.
4 - Tudo bem.
2 - Tá bem?
3 - Tá bem?
4 - Tudo certo.

2 - Então... a gente pode?
1 - Vamos começar, tá?
5 - Desculpa, desculpa. Me atrasei.
(abraço)

1 - Eu vou te fazer uma pergunta.
2 - Peraí, de novo!? Você vai fazer pergunta de novo?
1 - É, eu vou me sentar aqui e te fazer uma pergunta.
2 - Não tô acreditando.
1 - Vou me sentar. Assim.
Você cruzou bem as pernas, assim? Assim.
Ficou bem calmo, assim? Perguntando?
2 - Bem calmo.

5 - Me fala sobre você. Como é que é?
6 - Você tá vendo, não tem muito segredo, não. É isso aqui.

5 - Isso aqui, como?
6 - Desculpa, desculpa. Cheguei atrasada.
2 - Você tá vendo, não tem muito segredo, não. É isso aqui.
5 - Isso aqui, como?
Me dá algum sinal de que o que eu tô vendo
não é uma mentira, qual é o seu nome?
6 - Nadja.
2 - Felipe.

3 - Tá bem? Tá?
6 - Tudo bem. Tudo certo.
4 - Tudo bem.
3 - Tá bem?
4 - Tudo certo. Cássia.
3 - Rodrigo.

5 - Agora me fala como é viver a sua
imagem nesse mundinho aqui.
2 - Sei lá.
6 - Sei lá.
2 - Tenho 30 anos. Sou brasileiro.
6 - Você vai querer que eu cante?
2 - É isso aqui...
6 - É isso?
2 - ...que você tá vendo, não sei se aqui é lugar
de ficar definindo o que eu sou.
3 - Pode ser. Pode ser?
2 - E, sabe... tem coisa da imagem da gente que nem a imagem da gente mostra, não é? Sempre fui assim. Sempre.
Eu nunca pensei, eu vou deixar de fazer isso porqueeee...
5 - Mesmo que parecesse impossível, porque às vezes parece... mas nunca deixei de fazer isso porqueeee...

6 - Não tô acreditando.
5 - E do que você não se esquece nunca que você é?
4 - Não tô acreditando que você tá me perguntando isso,
sempre me fazem essa pergunta.
1 - Que pergunta chata.
2 - Tem gente que fica querendo perguntar como é ser negro,
não sabe perguntar e fica dando volta.
5 - Tem gente que fica querendo perguntar como é ser negra,
não sabe perguntar e fica dando volta.

3 - Vou te fazer uma pergunta.
6 - O que que você vai perguntar?
5 - Tira uma selfie comigo?
3 - Me fala sobre você.
6 - O que que você falou?
3 - Fala como é ser você.
2 - Muda o ângulo.
4 - Ah, não, agora você que vai responder.
5 - Adoro.
4 - Senta ali.

5 - Tá bem?
3 - Tá bem?
5 - Tá?
2 - Tudo bem. Tudo certo.
6 - Tudo bem.
5 - Tá bem?
3 - Tudo certo.

4 - Você cruzou as pernas. Ficou bem calmo.
E ficou perguntando.

5 - Eu quero ter uma lembrança sua.
4 - Como é ser você?
3 - Uma trabalheira, confuso, queria que fosse mais simples.
2 - Péssimo.
5 - Péssimo.
2 - Muda o ângulo.

(suspensão)

1 - Desculpa, odeio chegar atrasada. O trânsito insistente,
sono ruim, coisa pra gritar, ainda tive que responder,
(abraço)
depois te conto isso, escrever no livro,
um camburão bateu aqui no meu olho,
(abraço)
aquele grupo, revista, bandeira, cabeleireiro,
(abraço)
eu também sabia que aqui hoje não vai ser fácil,
e você sabe, né,
o corpo não é bobo, boicota, fica adiando, né...

2 - Então vamos começar?
1 - Você vai perguntar o quê?
2 - Me cala sobre você.
1 - Não tô acreditando que você tá me perguntando isso.
Olha que meus irmãos são inteligentérrimos, hein?
4 - Desculpa.
2 - Então vamos começar: descreve um gesto inesquecível.
5 - Chato pra caramba.
1 - Selfie, uma, tira comigo?
3 - O que é que você falou?
4 - Descreve um gesto inesquecível.

2 - Anda, me cala sobre você.
4 - Descreve.

3 - Aquela garota erguendo a carteira da escola no meio da rua, aquela mulher esbravejando com o policial, aquela palestra quando ela falou da síncope... Tá vendo? Eu não sei falar sobre mim...
6 - Vamos começar?
Você tem alguma pergunta pra esse problema?
5 - Tenho, tenho, sempre tive. Não sei. Não sei, é difícil perguntar, é problema. Como é que é ser um gesto, não sei. Nunca eu sei responder a isso. Daqui a pouco você vai me perguntar, é... Fala, isso eles gostam muito de perguntar, assim, gesto por gesto. Você ganha, como uma bomba na tua mão. Gesto por gesto. Não sei!

3 - Tá bem? Tá?
5 - Tudo bem. Tudo certo.
3 - Tá bem?
5 - Tudo bem. Grace.
3 - E do que você não se esquece nunca que você é?
4 - Eu não sei. Não sei. Eu não gosto,
não gosto que me façam gesto que eu não sei responder.
3 - Entendi. Tá, essa é a tua pergunta. Não sabe.
1 - Não sei começar, já falei, três vezes...
Não gosto, não sei.
6 - Ok, já entendi, já entendi, não gosta, não sabe...
E essa é a tua pergunta.
1 - Por mais que eu fique pensando, eu tô falando aqui com você e tô pensando, o que eu posso dizer, o que que eu posso perguntar? Eu não sei, eu não sei.

2 - Tá, essa é a tua pergunta, essa é a tua pergunta.
1 - É essa a minha pergunta.
2 - É essa a tua pergunta.
1 - É, é essa!
2 - Beleza, já entendi.
1 - Ah! Bom.

2 - Não sabe mesmo?
1 - Ah, tu tá brincando comigo!
2 - Uai, tem outro jeito?

(suspensão)

1 - Desculpa, odeio gritar atrasada. O cabeleireiro insistente, coisa ruim, coisa pra gritar, ainda tive que bater, depois eu conto isso, escrever no hoje, um grupo bateu aqui no meu olho, aquela revista, trânsito, eu também sabia que aqui hoje não vai ser fácil, e cê sabe, né, o corpo não é bobo, bandeira, fica desculpando, né...
(abraço)
3 - Então vamos começar?
5 - Você vai cantar o quê?
3 - Me bota sobre você.
2 - Me bota sobre você.
1 - Não tô perguntando que você tá me chateando isso. Olha que eu vou comprar um pastel, hein?
5 - Desculpa.
1 - Selfie pra caramba!
3 - Gesta uma descrição inesquecível.
1 - O que é que você falou?
3 - Gesta uma descrição inesquecível.
Anda, me bota sobre você.

2 - Anda, me bota sobre você.
3 - Gesta.
1 - Aquele policial, garota erguendo a carteira
da escola em síncope,
no meio da rua, aquela mulher esbravejando na palestra.
Tá vendo? Eu não sei botar sobre mim.

6 - Tá, essa é a tua, essa é a tua.
1 - É essa a minha.
6 - É essa a tua.
1 - É, é essa!
6 - Beleza, já entendi.
1 - Ah! Bom.

3 - Não sabe mesmo?
1 - Ah, tu tá dialogando comigo!
3 - Uai, tem outro jeito?

(suspensão)

5 - Odeio gritar atrasada.
(abraço)
O cabeleireiro insistente, coisa ruim, coisa pra gritar,
ainda tive que bater,
depois eu conto isso,
escrever no hoje, um grupo bateu aqui no meu olho,
aquela revista, trânsito,
eu também sabia que aqui hoje não vai ser fácil
e você sabe, né,
o corpo não é bobo, bandeira, fica desculpando, né...

5 - Então vamos começar?
(abraço)
1 - Tira uma selfie comigo!
(selfie com a plateia)

5 - Você vai cantar o quê?
1 - Me bota sobre você.
4 - Desculpa.
6 - O que é que você falou?
4 - Gesta uma descrição inesquecível.
3 - Anda, me bota sobre você.
4 - Gesta.
3 - Você tem alguma palestra pra esse problema?
1 - Me bota sobre você.
2 - Não tô perguntando que você tá me chateando isso.
Olha que eu vou comprar um pastel, hein?
6 - Desculpa.
1 - Gesta uma descrição inesquecível.
3 - Selfie pra caramba.
4 - O que é que você falou?
6 - Gesta uma descrição inesquecível.
1 - Anda, me bota sobre você.
6 - Gesta.

2 - Aquele policial, garota erguendo a carteira
da escola em síncope, no meio da rua,
aquela mulher esbravejando na palestra.
Tá vendo? Eu não sei botar sobre mim...
3 - Você tem alguma palestra pra esse problema?
5 - Tenho, tenho, inesquecível. Não sei. Não sei, é chato
perguntar, é problema. Como é que é ser um jeito, não sei.

Nunca eu sei gestar isso. Daqui a pouco você vai me começar, é... fala, isso eles gostam muito de perguntar, assim, pastel por pastel. Você ganha, como uma bomba na tua mão. Jeito por jeito. Pastel por pastel. Não sei!

1 - Tudo bem... E do que você não se esquece nunca que você é?
4 - Eu não sei. Não sei. Eu não gosto, não gosto que me façam comprar o que eu não sei responder.
5 - Entendi. Tá, essa é a tua desculpa. Não sabe.
4 - Não sei ganhar, já falei, três vezes... Não gosto, não sei.
2 - Ok, já entendi, já entendi, não gesta, não sabe... E essa é a tua coisa.
4 - Por mais que eu fique, eu tô falando aqui com você e tô, o que eu posso dizer, o que que eu posso perguntar? Eu não sei, eu não sei.
5 - Tá, essa é a tua, essa é a tua.
4 - É essa a minha.
5 - É essa a tua.
4 - É, é essa!
5 - Beleza, já entendi.
4 - Ah! Bom.

5 - Não sabe mesmo?
4 - Ah, tu tá dialogando comigo!
5 - Uai, tem outro jeito?

5 - Então vamos começar?

(suspensão)

(Uníssono.)

Tá vendo? Eu não sei falar sobre mim... falar sobre mim pode ser pouco. Ou não, né? Mas sei falar sobre o que me atravessa e me atravessa aquela garota erguendo a carteira da escola no meio da rua, aquela mulher esbravejando com o policial, aquela palestra quando ela falou que eles calculavam qual seria o melhor dia para fugir... O vídeo da mulher sendo arrastada, o clipe, Beyoncé fez eu me sentir com poder, a liberdade não tem nome e o nome dele é Rafael, nome de

Tá vendo? Eu não sei falar sobre mim... falar sobre mim pode ser pouco. Ou não, né? Mas sei falar sobre o que me atravessa e me atravessa aquela garota erguendo a carteira da escola no meio da rua, aquela mulher esbravejando com o policial, aquela palestra quando ela falou que eles calculavam qual seria o melhor dia para fugir... O vídeo da mulher sendo arrastada, o clipe, Beyoncé fez eu me sentir com poder, a liberdade não tem nome e o nome dele é Rafael, nome de

Tá vendo? Eu não sei falar sobre mim... falar sobre mim pode ser pouco. Ou não, né? Mas sei falar sobre o que me atravessa e me atravessa aquela garota erguendo a carteira da escola no meio da rua, aquela mulher esbravejando com o policial, aquela palestra quando ela falou que eles calculavam qual seria o melhor dia para fugir... O vídeo da mulher sendo arrastada, o clipe, Beyoncé fez eu me sentir com poder, a liberdade não tem nome e o nome dele é Rafael, nome de um primo meu, a série, aquilo coloca nossa forma de viver na linguagem de mercado, e ganharam o oscar, e eu tenho raiva daquilo, mas me interessa furar a tortura simbólica das imagens que não deixam nossa imagem viver plenamente, com amor, com beleza, com dinheiro.

um primo meu, a série, aquilo coloca nossa forma de viver na linguagem de mercado, e ganharam o oscar, e eu tenho raiva daquilo, mas me interessa furar a tortura simbólica das imagens que não deixam nossa imagem viver plenamente, com amor, com beleza, com dinheiro.

um primo meu, a série, aquilo coloca nossa forma de viver na linguagem de mercado, e ganharam o oscar, e eu tenho raiva daquilo, mas me interessa furar a tortura simbólica das imagens que não deixam nossa imagem viver plenamente, com amor, com beleza, com dinheiro.

(escuro)
E digo mais, pra que servem nossas respostas que falam sobre nós? A quem? Quem são os corpos que ouvem isso? Essas palavras fazem agir? Amanhã teu cabelo vai gritar alguma coisa? Teus braços, teus pés e mãos?

(depois do escuro)
Quem vai abrir mão pra dividir? Quem vai abrir mão pra dividir?Quem vai abrir mão pra dividir? E nós, vamos ter fôlego pra plantar em cada comunidade, em cada reunião, alguma ação?

(homem negro no colo de uma mulher negra)

desculpa, desculpa, fica desculpando, coisa pra gritar, bandeira, odeio, atrasada. O cabeleireiro insistente, ainda tive que bater, coisa ruim, depois te conto isso, escrever no hoje, um fácil bateu aqui no meu olho, aquela revista, trânsito, eu também. É que aqui hoje não vai ser fácil e você sabe, né, a imagem não é corpo, fica dialogando, né?

Eu vou te fazer uma pergunta:

Do que você não se esquece nunca que você é?

Eu rio eu choro eu lembro de um rosto de mulher negra que chora
mas seu rosto é de quem ri.
Eu choro agora diante de vocês com o rosto de quem ri.
Uma máscara.
Meu riso/choro reverbera.
Vejo corpos que dançam.
Sinto seu cheiro.
Uma batida grave me empurra.
Eu danço.
Suo.
Salto.

Dois corpos dançam. Dois corpos suam.
Dois corpos lutam. Dois corpos amam.
Dois corpos se sustentam. Dois corpos cansam.
Dois corpos diferem. Dois corpos estão ali.
Dois corpos homens. Dois corpos animais.
Dois corpos escutam.

(uma mulher negra. Ela está presente. Imagem do seu rosto envolto em luz vermelha)
Tem alguma coisa que não cabe na pauta. O que que não cabe na pauta? Em geral o que não cabe na pauta advém de uma espécie de musicalidade preta, principalmente a síncope. É essa queda, esse intervalo, em que parece que o tempo desaparece e o o som derrapa num aparente vazio. No caso do corpo, a mesma coisa, a ginga. O corpo que derrapa num aparente vazio. A síncope, a ginga, está em tudo.

Eu canto eu me aproximo de você.
Eu canto a música de uma mulher negra.

"Faz uma loucura por mim
Sai gritando por aí bebendo e chora
Toma um porre picha um muro que me adora
Faz uma loucura por mim..."

(2 mulheres negras, 2 mulheres brancas, 1 homem branco e 1 homem negro estão ali. Imagens ampliadas de cada um.)

As filosofias atravessam os oceanos e são recriadas pelo e no corpo. Muito bem, esta é uma paisagem sobre a qual eu tenho trabalhado. Como pensar a pretura, a negrura. Aqui, aí, é o lugar de onde se vê. Como a sociedade age sobre nós? Lugar de onde se vê. Lugar de onde a sociedade se vê. É do movimento e não do repouso que advém a ideia de produção do conhecimento. O conhecimento instalado no corpo. O formato é circular. Nós nunca estaríamos assim. A parede que se estabelece com esta mesa, vocês aí e eu aqui.

(voz no ouvido)
Não é só uma imagem que eu imagino. É uma verdade. Eu vejo. É uma verdade. Eu escuto. É uma verdade.

Eu estou. É uma verdade. Eu faço. Existe o que eu faço. É uma verdade. Eu escuto. É uma verdade. Eu vejo. Surge.
Vem.
Eu descrevo uma guerra através da ideia do amor.
Eu vejo. Não é só uma imagem que eu imagino.
É uma verdade.
Um homem, dois polegares posam "positivo" pra câmera dias antes de ir pra uma solitária. Seu corpo encosta no muro e no muro está escrito "você só olha da esquerda pra direita, o Estado te esmaga de cima para baixo".
Não é só uma imagem que eu imagino. É uma verdade.
Eu vejo. É uma verdade.

Eu escuto. É uma verdade.
Que história é essa? Que história é essa?
Que a gente estuda, que a gente faz.
E que história é essa? Que a gente conta, que a gente faz.
Tá sendo tão importante. O outro.
Ver como o outro se sente, como eu me sinto.
Cinco jovens. Aquele que faz a selfie junto a seus amigos, horas antes de todos serem metralhados com mais de 100 tiros, ele tem aparelho nos dentes.
Estão bem arrumados, estão, mas dessa vez a preocupação de estarem bem arrumados não foi suficiente.
Não é só uma imagem que se vê, é uma verdade.
Um corpo. O asfalto.
Em 2014 as câmeras já estão nos bolsos.
Porta-malas aberto de viatura. O corpo de mulher arrastado, animalizado, exposto. Imagem em movimento.
Não é só uma imagem a que assisto, é uma verdade.

Uma multidão de mulheres. Mulheres negras. Eu escuto. É uma verdade. Mulheres, todas negras, em marcha. Elas cantam, elas fazem a história. Não é só uma imagem que se vê, é uma verdade.

Que bom que você falou isso, eu entendi, é afetuoso, é humano, é incrível!
Você é um ser antiquíssimo. Quando você fala uma coisa, como você fala, ah, como você fala. Você sabe, você dá vida, você sabe.
Eu vou te dizer das pessoas que eu conheci. É verdade. Uma delas é você. De prestar atenção na vida. De ser modificadora. Eu tô prestando atenção.

Que história é essa? Que história é essa? Que a gente estuda, que a gente faz. E que história é essa? Que a gente conta, que a gente faz.

Silenciosas como os crocodilos na água. As imagens são.
Tinta de puro sangue. Tão fáceis.
As imagens estão nas nuvens, nos bolsos, na cabeça,
nos dedos, as imagens estão.
E essas estão todas em branco e preto.

(Mulher negra sozinha.)
Olá! Tudo bem?
Eu vou sambar pra vocês ali no fundo. Tá?

Não, eu não vou sambar pra vocês

Eu vou cantar pra vocês
Eu preciso de um microfone
Eu posso pegar

Eu vou cantar pra vocês ali no fundo
Hoje, neste lugar, eu vou cantar pra vocês aqui no fundo

Eu vou posar pra vocês
Eu vou posar pra vocês
Eu vou posar pra vocês
(sai, volta)

Eu vou ficar sozinha pra vocês

(sai, volta)

Eu queria sambar pra vocês
Sabe samba?
Eu vou fazer um samba pra gente
Eu vou fazer um samba pra gente

(sai, volta)

E aí, gente linda, maravilhosa
Eu vou cantar a última canção desta noite

Esta canção tá batendo forte aqui no peito
Eu vou cantar pra vocês
Quem sabe vem comigo

Não não não
Eu não vou, não vou

Eu não vou cantar pra vocês

Eu vou, eu vou

Eu vou dar um rolê pra vocês
Eu vou entender tudo isso pra vocês
Eu vou representar o Brasil pra vocês

Não não não
Eu não vou, não vou

Eu vou gestar uma descrição inesquecível pra vocês
Eu vou amamentar meu filho pra vocês

Eu vou, eu vou

Eu vou começar tudo de novo pra vocês

(Imagem de outra mulher negra. Arco-íris.)

Eu vou começar tudo de novo pra vocês   pra vocês
    Eu te ajudo
Eu vou ocupar o seu lugar pra vocês
Eu vou ser presidenta pra vocês   pra vocês
    Eu também vou ser a presidenta
Eu vou ganhar um salário mais alto que o seu pra vocês
Eu vou escrever um livro pra vocês
    Eu vou escrever nos muros pra vocês
Eu vou ali na esquina   pra vocês
Eu vou chupar uma mexerica pra vocês   pra vocês
    Eu vou chupar outra coisa
Eu vou beijar na boca pra vocês   pra vocês
        pra vocês
Eu vou tomar um banho de cachoeira   pra vocês
Eu vou benzer tudo isso aqui   pra vocês
    Eu vou é tacar fogo
    Eu vou fazer a minha fala
    Eu vou fazer o meu caminho
    Eu vou beijar
    Eu vou gozar
    Porque tudo isso é pra vocês
    Isso também é pra vocês

Eu vou sambar pra vocês ali no fundo, tá?

(Microfones.)

Há dias. Há dias busco. Há dias busco palavras. Há dias busco palavras, imagens. Há dias busco palavras, imagens, pessoas, memórias, provas. Há dias penso, jogo fora, recolho no lixo, recolho em faróis, apaixono, rasgo, desfaço, ignoro, peço, roubo, desenho, apago, desligo aparelhos, me reviro em mim, ouço, não ouço, não vou, vou, busco. Busco o que. Busco o que dizer pro teu. Busco o que dizer pro teu corpo. Busco o que ouvir do teu. Busco o que ouvir do teu corpo.

(fones de ouvido, diz o que ouve)

Mas, olha, honestamente, é como se não desejasse escutar nada que não seja esse fogo. É como se não desejasse escutar nada que não seja esse fogo de não apagar. Nada que não seja essa minha primavera. Nada que não seja esse meu amor preto, esse meu tesão preto. Esse pensamento preto. Essa concretude preta. Essa intelectualidade preta. Essa ave maria cheia de preta. Esse Nam myoho rengue kyo, preta. Esse laroye, preta. Esse preta que está na preta. Preta preta que está na preta. Preta preta que preta na preta. Preta preta preta preta preta preta. Me resta buscar o fogo, obstinadamente, me resta incendiar qualquer gesto que apague o fogo de dentro. Meu desejo é ouvir essa minha primavera. É falar dessas pedras no meu bolso. Porque tenho nascido todos os dias e tudo está preto pra mim tudo está preto. Nitidamente preto nitidamente.

O que resta? Troquemos livros, te tiro pra dançar, entender um indivíduo como parte do sagrado, falar sobre o silêncio,

falar do que se tentou silenciar, falar, agir, falar sobre como dividir, perguntar quem são os analfabetos, ouvir, escavar quem contou aquela história, de quem ouvimos a história? Quem escolhemos pra contar a história. De quais bocas vêm nossas teorias e outras palavras e outras e outras...
O que nos resta é a pergunta: O que fazer para que o enegrecimento seja cada vez maior, seja cada vez mais potente no lugar onde estamos?
O que fazer para que o enegrecimento seja cada vez maior, seja cada vez mais potente no lugar onde estamos?

(microfone aberto, imagem de outra orelha)

Estas palavras vão te tirar pra dançar. Estas palavras vão te tirar pra dançar porque. Estas palavras vão te tirar pra dançar porque nem mesmo elas vão conseguir falar sobre mim porque. Estas palavras vão te tirar pra dançar porque nem mesmo elas vão conseguir falar sobre mim porque eu não sou coisa pra se falar sobre e porque. Estas palavras vão te tirar pra dançar porque nem mesmo elas vão conseguir falar sobre mim porque eu não sou coisa pra se falar sobre e o que eu tenho é só uma vontade lúcida de. O que eu tenho é só uma vontade linda de. O que eu tenho é só uma vontade linda de. Enegrecer. **Enegrecer.** ***Enegrecer.***

(Escuro. Luz.)

(Depois do fim.
Roda de cadeiras do lado de fora com fogueira acesa.)

PRETO, uma peça preta

Pode algo "ser" preto? Pode uma determinação explicar um ser? Pode uma pessoa ser preta? A resposta é não e sim. A peça (de teatro) PRETO, da companhia brasileira de teatro, dirigida por Marcio Abreu, com dramaturgia dele, de Grace Passô e Nadja Naira, vai a fundo com o questionamento sobre o que significa "ser preto" no Brasil a partir, predominantemente, do "ser preta". O carro-chefe da peça são narrativas, reflexões e performances sobre racismo, violência cotidiana, empatia e a posição da "mulher preta" no Brasil, uma construção contextualizada, em conexão com a questão abstrata por trás do racismo: da redução e reificação de pessoas a um tipo de identidade, a "ser preto".

PRETO trata o racismo no Brasil pela perspectiva da mulher preta lésbica, como sujeito revolucionário, como ponto de partida da crítica: enquanto preta, mulher e lésbica, ela compreende o que é o ser e o não-ser, pois vive a negação do mundo dominante (branco, masculino, hétero), em que a identidade branca dominante, por outro lado, vive somente na imediatidade. Se essa é a ideia, então por que a peça é intitulada *preto* e não *preta*? Por que *preto* e não *negro* ou *negra*? O título é simples e significativo (PRETO) porque indica essa redução de um ser, da sua diversidade, a uma determinação acidental (cor), sobre como a imediatidade (social) da imagem preta suspende a complexidade de um ser humano (o que não ocorre, insisto, com a imediatidade da imagem branca masculina). Acredito que o racismo brasileiro, como afirma Oracy Nogueira, é um racismo de marca e, portanto, traz, para além da cor da pele, outras características determinantes e uma lógica própria. Contudo, do ponto de vista estético, a escolha do título não poderia ser mais acertada. O título PRETO sinaliza desde o início o fenômeno do racismo: ninguém pode ser reduzido a uma cor, mesmo que fisionomicamente, nem mesmo um objeto (afinal, o que "é" um objeto preto? O que a cor nos diz sobre uma coisa?), mas muita gente é vista, compreendida e julgada a partir do "ser preto", enquanto categorização social (a exemplo da ideia que enseja, por exemplo, o título do livro de Ana Maria Gonçalves: *Um defeito de cor*).

Assim como "ser branco", "ser preto" deveria ser só mais uma propriedade acidental de um indivíduo, entre tantas outras, que não nos diz nada de essencial. Contudo, socialmente, (como sempre) "ser preto" se torna uma característica essencial no que tange à constituição da identidade no contexto brasileiro, ou seja, a necessidade socialmente assentada de articular a própria identidade com o fato de "ser preto" ("Sempre me pedem pra falar disso"), em contraposição à "liberdade" branca de não precisar se constituir primariamente enquanto branco.

Inclusive em um ambiente não (intencionalmente) racista – lembrando que o racismo mascarado brasileiro opera mais sutilmente, mas não menos eficazmente – a imagem preta surge como determinante para a trajetória de vida, para os interesses e para a identidade social ("eu poderia falar sobre muitas coisas, mas sempre me pedem pra falar disso"), entre outras dimensões. Na peça, o jogo entre os papéis (ou atrizes e atores) pretos e brancos demonstra essa relação, sem ser pedagógico ou simplista: a mesma questão ("me fale sobre você" ou "como é ser você?") ganha diferentes acepções, quando colocadas para pretos ou brancos. A "imagem" branca tem, nesse caso, a liberdade de ser algo que não passe pela sua cor, enquanto o "preto" invade inexoravelmente a identidade. As perguntas-mote da peça "Como você se descreve?", "Renata por Renata", "Me fale sobre você", entre outras tantas, explicita os diferentes modos em que a sociedade inquire pretos (em comparação a brancos) e a questão da "imagem preta", que serve como atalho para um tipo de reificação.

"Não é uma imagem que eu vejo, é uma verdade" é uma frase que ilustra, por um lado, essa redução e, por outro lado, o seu retroefeito na estima, na percepção do mundo e na autocompreensão de pretas e pretos, ou seja, essa "imagem" gera realidades, desde a não aceitação de si ("o corpo boicota") até os episódios de racismo, que pretas e pretos precisam passar cotidianamente, por exemplo, no caminho da casa para o trabalho ("desculpe o atraso", "a gente sabe que hoje o dia aqui não vai ser fácil"). Esta mesma relação entre "imagem" e "verdade" (ou realidade) atravessa a peça também em um metanível, através da indistinção entre os nomes reais das atrizes e dos atores e o nome dos respectivos personagens: assim, a performance dá a entender que não se trata de uma representação, mas da realidade, e então pode-se tomar a imediatidade dos corpos "pretos" e "brancos" como ponto de partida.

Nesse contexto, a estética da inversão de papéis "brancos" e "pretos" na peça é uma forma de ilustrar o racismo: a imediatidade de corpos pretos e brancos só é quebrada quando nela os personagens, como mencionado, com nomes das próprias atrizes e atores, interpretam outros personagens, colocando uma atriz "preta" (Grace Passô) em posição dominante frente a duas mulheres brancas: uma na esfera afetiva (Renata Sorrah) e outra na esfera do trabalho doméstico (Nadja Naira). Essa inversão desvela também uma variante interseccional, pois trabalha justamente com as diferenças entre mulheres pretas e brancas no que tange à "feminilidade" e às formas de submissão, como já aponta Angela Davis em *Mulheres, classe e raça*. Sem que precise ser dito, se pressupõe que a personagem interpretada por Grace é branca, porque goza dessa posição (e, no caso, parcialmente também em razão do nome). Nesse caso, o estranhamento da inversão de posições dentro de uma constelação já conhecida desvela a naturalização da posição subalterna da mulher preta, que, em geral, está na posição interpretada por Renata e Nadja: instrumentalizada como simples objeto de desejo ou (enquanto trabalhadora doméstica) invisibilizada e muda, sem voz.

Em diferentes momentos, a peça explora fortemente a ambiguidade da identidade brasileira. Se, por um lado, existe uma reificação do "ser preto", por outro, persiste uma pretensa estima da cultura e expressão pretas como componente fundamental da formação do Brasil. Essa ambiguidade significa, do ponto de vista externo, o reconhecimento dos traços "pretos" da identidade brasileira acompanhado, contudo, por um desrespeito sistemático de pretas e pretos. Esta não é uma contradição em termos, mas, sim, uma consequência da história colonial: a identificação do mundo branco europeu com a racionalidade, o intelecto, a evolução, e do mundo "preto" com sua corporeidade, força física, dança, música, comida, ou seja, algo próximo de uma animalidade, faz parte da representação eurocêntrica, que "valoriza" a história e as manifestações culturais "tradicionais", mas se entende como superior e mais desenvolvido: este é um dos resquícios do imperialismo, que tem a estrutura, como aponta criticamente Achille Mbembe, da "razão negra".

Um dos efeitos dessa oposição entre dois mundos é a constituição interna da identidade negra como identidade em negativo, ou seja, ser preto significa ser não-branco, em um mundo colonizado por brancos, e sem ter acesso a ele – a exemplo do que Frantz Fanon trabalha em *Pele negra, máscaras brancas*. Sua relação com o "mundo branco" envolve uma tensão não somente na sua formação identitária, como também nas relações cotidianas concretas. A oscilação no desenvolvimento da peça é praticamente uma metáfora das relações raciais no Brasil: entre momentos silenciosos e extremamente barulhentos, momentos de tensão e diversão, de rejeição e aceitação, de agressão e de amor (representada, em especial, na cena com Felipe Soares e Rodrigo Bolzan).

A tentativa de inversão dessa narrativa parece ser outra tônica da peça: com a explicitação da primeira natureza, da animalidade do ser humano, ainda na cena entre Felipe e Rodrigo, sem qualquer linguagem falada e que termina em uma posição quadrúpede e, mais claramente, com a defesa da "pretura" como modo de "civilização". A alegoria do "fogo" contribui, na peça, para a desconstrução da oposição entre humanidade e animalidade como oposição entre brancos e não-brancos, do fogo como ganho civilizacional de origem não-europeia, não-branca: a revolução do fogo como uma origem da humanidade (do controle da natureza), como clareira e como calor (como horas a mais de trabalho), como forma de cozinhar o alimento e, ao mesmo tempo, como possibilidade de destruição e do novo.

No decorrer da peça dá-se uma transição de um momento reflexivo e crítico para o momento de "engajamento político", que aparece na representação do lugar de fala. No primeiro momento, o lugar de fala é tratado, sobretudo, em negativo: de que nesta sociedade somente o branco tem lugar de fala, ou melhor, é escutado. Para ser escutada, a voz preta precisa ecoar de uma imagem branca, à qual se permite falar "neutramente" e "sem interesse", de forma científica e não engajada. Em relação ao "mundo preto" impera, por outro lado, a negação da individualidade, da capacidade intelectual, da fala digna de ser ouvida, da história (são "corpos sem história", como diz Fanon). A representação do protagonismo branco na peça se dá, em vários momentos, na reprodução por uma mulher branca da fala de uma mulher preta, ora como tradução do conteúdo, ora como ditado, em que a primeira (Renata) reproduz ao microfone, em primeiro plano, o que a segunda (Grace) dita em voz baixa, em segundo plano. No segundo momento, na virada para o fim da peça, o lugar de fala aparece como ato político. A mesma voz (de Grace) ganha ressonância enquanto dita (do microfone) a outra "preta" (Cássia Damasceno), cercada de microfones: ao invés de corresponder ao atalho direto entre a "imagem preta" e a sua reificação presente na cultura brasileira (na música, na dança, na sensualização da mulher preta), Cássia tenta, como ato político, romper com essa vinculação e dar ressonância à causa já enunciada por outra(s) companheira(s). Essa transição (da reflexão crítica para o ato político) também é marcada na passagem das cenas que querem "entender a pretura", o "preto", para o momento em que anuncia performativamente o "enegrecer", o "empretecer", como bandeira (não que a questão não fosse política desde o início). Este segundo momento da ideia de lugar de fala em sentido positivado manifesta e afirma a "pretura", brada pelo "enegrecer", como forma de enfrentar a identidade (europeia) do colonizador, de tornar positivo, narrar a história, fazer com que o "preto" seja visto para além daquilo que a nossa sociedade nos entrega com essa identidade e, assim, libertar da imagem, por um lado, e permitir uma relação positiva com a identidade negra.

Retornando à pergunta inicial (Pode uma pessoa ser preta?), a simples negação da existência do "preto" (seja pela negação biológica da raça, seja pelo mito da democracia racial) é falseadora: ninguém pode de fato ser reduzível a uma cor ou raça, mas ser visto assim, pura e simplesmente, como uma cor ou raça é um fenômeno social no contexto racista. Essa redução social do indivíduo à cor (redução do ser a uma característica acidental) é o que "torna" (em alusão a Simone de Beauvoir) pessoas pretas. Raça é socialmente construída e atua objetivamente: a comprovação científica da inexistência de diferentes raças humanas não resolve o racismo. Por isso, faz sentido refletir sobre o "ser preto", sobre como esse constructo social age de diferentes formas sobre todos nós. A negação do ser (e tornar-se) "preto" no Brasil é absurda, pois significa a negação de um fenômeno social. Em resumo: ser preto não diz nada sobre alguém, mas diz tudo sobre a condição na qual ela é colocada estruturalmente na nossa sociedade. Logo, entender e trabalhar o "preto" é determinante não somente para a história, mas também para um projeto de Brasil.

Thiago Aguiar Simim*

---

* Doutorando em Sociologia no Instituto de Pesquisa Social na Universidade de Frankfurt/Main, Alemanha. Trabalhou com o tema das relações raciais no Brasil na graduação e no mestrado (em Direito, na UFMG) e trata, atualmente, com a crítica do mérito de uma perspectiva sociológica.

Sobre os autores

Grace Passô é dramaturga, diretora e atriz. Estudou no Centro de Formação Artística da Fundação Clóvis Salgado, em Belo Horizonte. Foi cronista do jornal *O Tempo* (MG) e atuou em companhias teatrais de Belo Horizonte, como a Armatrux e a Cia. Clara. Em 2004, juntou-se ao grupo espanca! e escreveu as peças *Marcha para Zenturo*; *Amores surdos*, pela qual ganhou o Prêmio Shell de melhor texto em 2007; e escreveu e dirigiu *Congresso Internacional do Medo* e *Por Elise*. As quatro peças foram publicadas pela Editora Cobogó. *Por Elise* lhe rendeu os prêmios APCA e Sesc/Sated de melhor dramaturgia, em 2005, e o Prêmio Shell de melhor texto, em 2006. Dirigiu, ainda, *Os bem-intencionados* (2012), do grupo Lume (SP), e *Os ancestrais* (2014), texto de sua autoria com o Grupo Teatro Invertido (MG). Entre seus trabalhos como atriz, estão os espetáculos *France du Brésil* (2009), dirigido por Eva Doumbia, em Marselha, na França; *Krum* (2015), dirigido por Marcio Abreu; e *Vaga carne* (2016), escrito e dirigido pela própria Grace Passô.

Marcio Abreu é dramaturgo, encenador e ator. Criou e integra a companhia brasileira de teatro. Entre seus trabalhos recentes com a companhia, estão *Vida* (2010); *Oxigênio* (2010); *Isso te interessa?* (2011); *Esta criança* (2012); *Krum* (2015); PROJETO bRASIL (2016); PRETO (2017). Criou também *Nômades* (2014). Com o Grupo Galpão, criou os espetáculos *Nós* (2016) e *Outros* (2018). Em 2012, escreveu uma versão de *Os três porquinhos* para a Comédie-Française e foi coautor de *A história do rock por Raphaelle Bouchard*, com a Compagnie Jakart, e com a qual também colaborou em *Nus, ferozes e antropófagos* (2014). Recebeu diversos prêmios das artes no Brasil e foi nomeado pela *Folha de S.Paulo* personalidade de teatro do ano, em 2012.

Nadja Naira é iluminadora, diretora teatral e atriz formada pela PUC-PR e pelo Centro Cultural Teatro Guaíra, em Curitiba. Como diretora criou diversos trabalhos a partir de adaptações de autores paranaenses, como Manoel Carlos Karam (*Bolacha Maria*, 2008; *A cidade sem mar*, 2016; *Mesmas coisas*, 2017) e Wilson Bueno (*Mar Paraguayo*, 2015). Como iluminadora, recebeu diversos prêmios nacionais. Em 2015, participou da Quadrienal de Praga (Espaço e Design da Performance), com trabalhos sobre as peças *Nômades* e *Esta criança*. Colaborou com Grace Passô em *Congresso Internacional do Medo* (2008); *Os bem-intencionados* (2012); e *Vaga carne* (2016). Integra a companhia brasileira de teatro, dirigida por Marcio Abreu desde 2002, tendo participado de todas as suas produções.

© Editora de Livros Cobogó, 2019

Editora-chefe
Isabel Diegues

Editora
Fernanda Paraguassu e Valeska de Aguirre

Gerente de produção
Melina Bial

Revisão final
Eduardo Carneiro

Projeto gráfico e diagramação
Mari Taboada

Capa
Cubículo

CIP-BRASIL. CATALOGAÇÃO-NA-FONTE
SINDICATO NACIONAL DOS EDITORES DE LIVROS, RJ

P318p
    Passô, Grace
    Preto / Grace Passô, Marcio Abreu, Nadja Naira. - 1. ed.- Rio de Janeiro: Cobogó, 2019.
    96 p. (Dramaturgia)

    ISBN 978-85-5591-072-2

    1. Teatro brasileiro. I. Abreu, Marcio. II. Naira, Nadja. III. Título.

19-54725   CDD: 869.2
                                                                                                   CDU: 82-2(81)

Meri Gleice Rodrigues de Souza- Bibliotecária CRB-7/6439

Nesta edição, foi respeitado o Acordo Ortográfico da Língua Portuguesa de 1990, que entrou em vigor no Brasil em 2009.

Todos os direitos em língua portuguesa reservados à
Editora de Livros Cobogó Ltda.
Rua Jardim Botânico, 635/406
Rio de Janeiro — RJ — 22470-050
www.cobogo.com.br

Outros títulos desta coleção:

COLEÇÃO DRAMATURGIA

ALGUÉM ACABA DE MORRER LÁ FORA, de Jô Bilac

NINGUÉM FALOU QUE SERIA FÁCIL, de Felipe Rocha

TRABALHOS DE AMORES QUASE PERDIDOS, de Pedro Brício

NEM UM DIA SE PASSA SEM NOTÍCIAS SUAS, de Daniela Pereira de Carvalho

OS ESTONIANOS, de Julia Spadaccini

PONTO DE FUGA, de Rodrigo Nogueira

POR ELISE, de Grace Passô

MARCHA PARA ZENTURO, de Grace Passô

AMORES SURDOS, de Grace Passô

CONGRESSO INTERNACIONAL DO MEDO, de Grace Passô

IN ON IT | A PRIMEIRA VISTA, de Daniel MacIvor

INCÊNDIOS, de Wajdi Mouawad

CINE MONSTRO, de Daniel MacIvor

CONSELHO DE CLASSE, de Jô Bilac

CARA DE CAVALO, de Pedro Kosovski

GARRAS CURVAS E UM CANTO SEDUTOR, de Daniele Avila Small

OS MAMUTES, de Jô Bilac

INFÂNCIA, TIROS E PLUMAS, de Jô Bilac

NEM MESMO TODO O OCEANO, adaptação de Inez Viana do romance de Alcione Araújo

NÔMADES, de Marcio Abreu e Patrick Pessoa

CARANGUEJO OVERDRIVE, de Pedro Kosovski

BR-TRANS, de Silvero Pereira

KRUM, de Hanoch Levin

MARÉ/PROJETO bRASIL, de Marcio Abreu

AS PALAVRAS E AS COISAS, de Pedro Brício

MATA TEU PAI, de Grace Passô

ÃRRÃ, de Vinicius Calderoni

JANIS, de Diogo Liberano

NÃO NEM NADA, de Vinicius Calderoni

CHORUME, de Vinicius Calderoni

GUANABARA CANIBAL, de Pedro Kosovski

TOM NA FAZENDA, de Michel Marc Bouchard

OS ARQUEÓLOGOS, de Vinicius Calderoni

ESCUTA!, de Francisco Ohana

ROSE, de Cecilia Ripoll

O ENIGMA DO BOM DIA, de Olga Almeida

A ÚLTIMA PEÇA, de Inez Viana

BURAQUINHOS OU O VENTO É INIMIGO DO PICUMÃ, de Jhonny Salaberg

PASSARINHO, de Ana Kutner

INSETOS, de Jô Bilac

A TROPA, de Gustavo Pinheiro

A GARAGEM, de Felipe Haiut

COLEÇÃO DRAMATURGIA ESPANHOLA

A PAZ PERPÉTUA, de Juan Mayorga
Tradução Aderbal Freire-Filho

APRÈS MOI, LE DÉLUGE (DEPOIS DE MIM, O DILÚVIO),
de Lluïsa Cunillé
Tradução Márcio Meirelles

ATRA BILIS, de Laila Ripoll
Tradução Hugo Rodas

CACHORRO MORTO NA LAVANDERIA: OS FORTES, de Angélica Liddell
Tradução Beatriz Sayad

DENTRO DA TERRA, de José Manuel Mora
Tradução Roberto Alvim

MÜNCHAUSEN, de Lucía Vilanova
Tradução Pedro Brício

NN12, de Gracia Morales
Tradução Gilberto Gawronski

O PRINCÍPIO DE ARQUIMEDES, de Josep Maria Miró i Coromina
Tradução Luís Artur Nunes

OS CORPOS PERDIDOS, de José Manuel Mora
Tradução Cibele Forjaz

CLIFF (PRECIPÍCIO), de Alberto Conejero López
Tradução Fernando Yamamoto

2019

1ª reimpressão

Este livro foi composto em Univers.
Impresso pela Gráfica Stamppa
sobre papel Pólen Bold 70g/m2.